OBSÈQUES

DE

M. TURGOT,

Avocat, Inspecteur honoraire de l'Académie de Caen.

AVRANCHES,

E. TOSTAIN, IMPRIMEUR-LIBRAIRE, RUE DES FOSSÉS.

—

1850.

OBSÈQUES

DE

MONSIEUR TURGOT,

Avocat, Inspecteur honoraire de l'Académie de Caen.

M. Turgot, avocat, inspecteur honoraire de l'académie de Caen, est mort dans notre ville le 22 février dernier. Ses obsèques ont eu lieu le dimanche 24, au milieu d'une nombreuse assistance, dans laquelle on remarquait le président et les juges du Tribunal, le procureur de la République et son substitut; le bâtonnier de l'ordre des avocats, et quelques membres du barreau; le principal et les professeurs du collége, avec une députation d'élèves. Les membres du conseil municipal et un très-grand nombre d'habitans de Marcey étaient venus donner un dernier témoignage de leur reconnaissance pour celui qui avait administré avec dévouement les affaires de leur commune. Les restes de M. Turgot ont été portés dans le cimetière de Marcey; le clergé et la plus grande partie du cortége les ont accompagnés jusqu'aux limites de la commune d'Avranches. Avant de les franchir, le convoi s'est arrêté quelque temps, et M. Laisné, principal du collége, a prononcé le discours suivant :

Messieurs,

Au moment où la tombe va se refermer sur les restes d'un homme de bien et de talent, l'amertume de nos regrets a besoin de s'épancher pour s'adoucir, et nous ne pourrions, sans nous adresser tous quelque reproche, quitter la dépouille mortelle qu'un si nombreux concours a accompagnée jusqu'en ce lieu, si une voix amie ne s'élevait pour se rendre l'organe de la douleur commune. Il est juste, il est honorable, et pour celui qui vient de succomber, et pour ceux qui lui survivent, qu'un dernier hommage soit rendu aux qualités, aux vertus de celui que nous venons de perdre, et que sa vie soit offerte comme exemple et comme salutaire encouragement à ceux qui n'ont pas encore entièrement accompli la part de labeurs que la Providence leur a départie. Aujourd'hui surtout, qu'autour de cette bière se range, aussi nombreuse que les circonstances l'ont permis, une jeunesse laborieuse et honnête, qui ne demande qu'à être dirigée et soutenue dans le sentier de l'honneur, pour y marcher avec assurance, et pour devenir la gloire des familles et du pays, il est plus que jamais utile de lui présenter l'exemple d'une carrière honorablement remplie et d'une haute position lentement conquise par un travail assidu et patient, confiant, mais modeste, quelque rapide et quelque imparfait qu'en soit le tableau.

M. Victor Turgot, avocat, inspecteur honoraire de l'Académie de Caen, officier de l'Université, était né à Marcey-sous-Avranches, le 21 juillet 1785, dans le sein d'une ancienne et honorable famille de cette commune. Grace à l'aisance de fortune dont jouissaient ses parens, et malgré l'oubli assez général dans lequel les études classiques étaient tombées par suite des mémorables évènemens au milieu desquels s'écoula son enfance, il fut de bonne heure occupé des élémens de la littérature ancienne, et s'y livra avec zèle, quoiqu'il eût eu, dès l'âge de 10 ans, le malheur de perdre son père. Bientôt les écoles centrales furent chargées de restaurer en France le goût des bonnes études. L'antique et solide réputation de notre collége le fit adopter pour le siège de celle dont fut doté le département de la Manche, et dont nous conservons encore de précieux souvenirs. L'heureuse facilité dont était doué M. Turgot et les progrès qu'il avait déjà faits, lui permirent de suivre avec un succès marqué cet enseignement, peut-être un peu superficiel, mais rapide, étendu et brillant, qui rendit de grands services à cette époque, et qui a eu pour nous le mérite incontestable de former plusieurs des hommes les plus distingués dont s'honore aujourd'hui notre ville.

Mais déjà l'homme de génie que la gloire des armes avait élevé sur le pavois, et qui n'était pas moins remarquable par la puissance de sa haute raison que par ses talens militaires, Napoléon, avait jeté les fondemens de l'une de ses grandes conceptions, la nouvelle université, et avait organisé les lycées. A l'âge de 20 ans, M. Turgot, qui avait commencé, sous la direction d'un de nos plus honorables compatriotes, à se préparer au notariat, n'était pas encore fixé sur le choix définitif d'une carrière. Il fut présenté par l'amitié d'un camarade d'enfance, qui le pleure avec nous aujourd'hui, pour remplir au lycée de Rennes les modestes et si utiles fonctions de maître d'études, et il s'y fit remarquer assez pour être promptement élevé à celles de sous-censeur.

Pendant quelques années de ces bons services administratifs, le souvenir de ses heureux débuts dans l'étude de M. James-Duhamel et la réputation dont jouissait l'école de Rennes, l'avaient engagé à prendre dans cette école les premières connaissances de droit. Mais son mérite reconnu le fit nommer, en 1810, professeur de quatrième à Bordeaux, un des cinq lycées de première classe d'alors. En 1816, sur le désir qu'il exprima de se rapprocher de son pays natal, il obtint d'être transféré, avec avancement, dans le lycée de Caen, déjà remarquable parmi tous les lycées de France, pour le goût et la force des études. Alors l'instabilité que les grands évènemens qui s'étaient rapidement succédé faisaient craindre pour les positions les plus sûres en apparence, et le taux, plus modeste encore qu'il ne l'est aujourd'hui, des traitemens du professorat, le décidèrent à profiter de quelques momens de loisir pour terminer ses études de droit et acquérir le titre, éminemment indépendant, d'avocat. Il exerça même pendant deux ans cette noble profession. Mais bientôt il sentit qu'il lui était difficile d'en concilier les soins et les fatigues avec ses devoirs de professeur ; et, en homme toujours consciencieux, il se consacra tout entier à la chaire de seconde qui lui avait été confiée, après celle de troisième, au collége de Caen, et qu'il occupa long-temps. Inutile de dire que ce fut avec succès, quand je dois ajouter qu'en 1836, c'est de cette chaire que l'autorité supérieure l'éleva immédiatement au poste d'inspecteur de l'Académie de Rennes, et qu'au bout de trois mois, une vacance étant survenue à Caen, il y fut réclamé, sans même l'avoir demandé.

C'est dans cette Académie de Caen, le théâtre de ses longs travaux, qu'il a rempli pendant neuf ans encore les fonctions élevées d'inspecteur de l'Université. Avec quelle distinction et quelle aménité, quelle bonté et quelle justice, tous ceux qui l'ont connu, chefs d'établissemens, professeurs, élèves, peuvent le dire. Aussi, lorsque le progrès de quelques infirmités lui eut fait déclarer à l'autorité que le temps de la retraite avait sonné pour lui, et qu'il l'eut obtenue, en même temps qu'un dernier témoignage de ses bons services lui était donné dans le titre d'inspecteur-honoraire, les regrets furent unanimes.

Entraîné par l'amour du pays natal, et par le désir de se rapprocher de sa famille, M. Turgot ne tarda pas à revenir se fixer dans nos murs, et à faire apprécier ses excellentes qualités par tous ceux qui l'ont approché. Partout on était heureux de le posséder. Dans nos solennités universitaires, sa présence était un honneur pour nous. Dans les réunions particulières d'amis, dans le Cercle de la *Société Littéraire*, au sein de notre Société d'Archéologie, tous étaient empressés de jouir de la spirituelle bonhomie de sa conversation, de l'aménité de son caractère et de la solidité de ses connaissances.

M. Turgot n'a pas voulu que son repos fût stérile pour ses concitoyens. La commune de Marcey s'est bientôt ressentie de sa présence. Bientôt aussi la reconnaissance et le respect des habitans le portèrent au conseil municipal, et l'autorité se félicita de lui faire accepter les fonctions de maire. Plus tard, l'élection

directe de ses concitoyens, investis entièrement de ce
droit par la Révolution dont le pays célèbre aujour-
d'hui même l'anniversaire, n'a pas manqué de les confir-
mer. Et M. Turgot, que le conseil municipal était toujours fier de posséder, n'a cessé de les remplir que le
jour où l'aggravation de ses infirmités lui a fait regar-
der comme un devoir de donner sa démission , que
l'autorité n'a acceptée qu'avec regret.

Ai-je besoin de dire que M. Turgot était animé de
sentimens religieux , sans apparat, mais purs et empreints d'une douce tolérance! que sa charité lui faisait
un besoin de soulager les misères, que c'était la bien-
faisance personnifiée! Malgré le soin qu'il mettait à
cacher ses bienfaits, tous les habitans de Marcey, qui
se pressent autour de ses restes vénérés, pourraient en
proclamer le nombre et l'étendue.

Lorsqu'aujourd'hui nous voyons attaquer avec une
passion inouïe l'université, nous pouvons citer, parmi
tant d'autres , M. Turgot, modèle de conscience et de
bonté, comme l'un des hommes qu'elle peut montrer
avec orgueil à ses ennemis , aussi bien qu'à ses amis ,
et qui répondent à la France de la bonne direction dans
laquelle seront élevés les enfans que lui confient les
familles. Le généreux emploi d'une fortune si légiti-
mement accrue par de longs travaux, est en même-
temps une nouvelle et éloquente réponse à ces doc-
trines déplorables qui tendent sans cesse à exciter l'en-
vie du pauvre contre le riche. Il prouve une fois de
plus qu'il n'y a pas de plus sûre et de plus durable res-
source contre la misère, même lorsqu'elle est la suite
de désordres malheureusement trop fréquens, que cette
générosité touchante avec laquelle l'homme vertueux
qui a le bonheur de s'être créé une existence plus bril-
lante, se plaît à en répandre autour de lui les dons ,

comme l'élément le plus pur de bonheur pour lui-même.
Enfin, cette vie honorable, et trop tôt brisée, est encore
une heureuse leçon pour ces nombreux jeunes gens qui,
se sentant du talent, sont dévorés d'une bouillante impa-
tience d'arriver aux premiers rangs, avant de les avoir
conquis par des travaux sérieux et soutenus, et qui par-
fois se révoltent avec amertume contre une société qu'ils
accusent d'injustice. Qu'ils apprennent, par l'exemple
de M. Turgot, comment une patiente persévérance dans
des travaux utiles et consciencieux, et une conduite
constamment irréprochable mènent, à son tour, plus
sûrement que toute autre voie, l'homme de mérite à des
postes élevés et à la fortune, même quand il semble
oublier de manifester ses prétentions à y parvenir. Qu'ils
apprennent, à son école, la patience, la résignation, le
courage, la confiance dans la Providence et dans la
société; et, comme lui, ils verront couronner une vie
honorable par les positions avantageuses et hono-
rées. C'est ainsi, Messieurs, que l'homme de bien est
utile, même après qu'il nous a été enlevé.

Tous ceux qui m'entendent savent bien, sans qu'il
fût utile de le dire, que M. Turgot, avec un si bon
cœur, ne pouvait qu'être l'homme de la famille. Fils,
frère, époux, père, il a toujours déployé les plus excellentes qualités. Frappé, dans un âge peu avancé encore, d'un accident foudroyant, il s'est éteint en bénis-
sant une fille et un gendre, dignes de lui, et auxquels
il laisse d'éternels regrets.

Adieu, digne et vénérable M. Turgot! Lorsque vos
restes inanimés vont être, selon le vœu de votre cœur,
réunis dans votre chère commune, à ceux de vos parens, votre âme peut reposer en paix dans un monde
meilleur. Vous ne serez pas encore entièrement perdu
pour nous sur cette terre : il nous restera le souvenir

de vos bienfaits dans les cœurs reconnaissans, et, pour
tous, un enseignement utile et l'encouragement de
nobles exemples à suivre. Adieu, pour la dernière
fois !

M. Lemonnier, ancien principal du collége de Château-
roux, qui, comme principal du collége de St-Lo, a connu
et apprécié l'honorable inspecteur dont il déplore la perte,
s'est exprimé ainsi :

Le concours empressé des personnes distinguées que
j'aperçois dans ce triste cortége, la présence de ces
dignes instituteurs de la jeunesse, et, avant tout, cette
jeunesse elle-même, si attentive et si recueillie, nous
disent assez quel homme descend à ce moment dans la
tombe !

M. Turgot, qui, pendant sa vie, fut un ami de tout
ce qui est bien et de tout ce qui est beau, soit en mo-
rale, soit en littérature, un propagateur non moins zélé
qu'un admirateur judicieux de tout ce qui pouvait con-
tribuer au bonheur de ses semblables, est, après sa
mort, accompagné jusqu'à sa dernière demeure par les
hommes qui s'intéressent à cet héritage de vertus et de
lumières qui constituent la principale richesse d'une
nation, et aussi par une députation de cette génération
naissante qui est appelée à la représenter un jour et à
la perpétuer.

Et pourquoi une affluence aussi considérable ?

Pourquoi une réunion ainsi composée ?

C'est que, dans la diversité des enseignemens utiles
que nous fournit l'existence de M. Turgot, il en est un

qui nous saisit tout d'abord : c'est l'exemple de ce que
valent et de ce que peuvent les facultés intellectuelles
d'un jeune homme , quand elles sont secondées par la
droiture du cœur , et par l'énergie de la volonté.

Privé , à 10 ans , de la direction et des conseils d'un
père, que Dieu donne au jeune homme comme une seconde Providence, il n'en fit pas moins , à l'Ecole cen-
trale d'Avranches , des études aussi solides que bril-
lantes, tant il y avait en lui de penchant au travail, de
dispositions heureuses , et de raison précoce !

Ses études classiques terminées , il se livra à l'étude
du droit , se fit recevoir licencié dans celte faculté , et
exerça même à Caen, pendant quelque temps, la profession d'avocat.

Mais comme l'aridité des études juridiques, et l'âpre-
té des luttes du barreau n'allaient que médiocrement à
cette nature sensible, son goût et son admiration pour
les chefs-d'œuvre des littératures anciennes et mo-
dernes déterminèrent sa véritable vocation.

Entré, en 1806, comme maître d'études au lycée im-
périal de Rennes , il y passa successivement par tous
les degrés de l'échelle , et conquit tous ses grades universitaires sur le champ de bataille , et à la pointe de
l'épée. Du lycée de Rennes , il fut nommé , en 1815 ,
professeur au collége royal de Bordeaux , puis dans
celui de Caen , où il obtint par la suite une chaire
d'humanités, après plus de vingt années de services.

Je n'entreprendrai pas de suivre le professeur dans
sa classe, et de vous montrer les divers mérites de son
enseignement. Il en est un cependant dont les titres à
votre attention sont tellement incontestables , que je
me reprocherais de ne pas vous les faire connaître :

c'est son affection pour ses élèves, considérée surtout
comme moyen de rendre son enseignement fructueux.
Instruire c'est aimer, a dit un poète, qui s'est lui-
même occupé long-temps de l'éducation de la jeunesse;
et, s'il est vrai de dire que les grandes pensées viennent
du cœur, il n'est pas moins vrai, peut-être, que c'est
au contact d'un cœur noble et généreux que les idées
s'éveillent et se développent dans le cœur d'un jeune
homme. Son intelligence est glacée par une prévention
antipathique, ou troublée par la crainte; mais elle
s'épanouit et se dilate sous l'influence des rapports affectueux qui s'établissent entre lui et son professeur.

Les longs et bons services de M. Turgot, la gravité
de son caractère et son érudition bien connue, avaient
depuis long-temps marqué sa place parmi les inspec-
teurs, ordinairement choisis entre les fonctionnaires les plus distingués du ressort académique.
Aussi, en 1835, fut-il appelé à remplir ces fonctions élevées, en remplacement du bon et savant
M. Rousseau.

Il y a dans toute administration collective une partie
des membres de cette administration qui sont ainsi
faits, qu'ils ne peuvent s'empêcher d'user, envers les
inférieurs, tantôt d'un excès de sévérité, tantôt d'un
défaut de franchise, et qui, par là même, finissent par
affaiblir au moins les liens de confiance qui doivent
unir les subordonnés à leurs chefs; et une autre partie
dont tous les procédés envers leurs subordonnés sont
empreints d'un caractère ou de bonté paternelle, ou au
moins de justice bienveillante, qui fait toujours aimer
et respecter l'autorité. Est-il nécessaire de dire que,
dans l'administration académique, M. Turgot était éminemment propre à représenter et représentait en effet
ce dernier élément? Aussi, dès sa première tournée

dans l'académie, conquit-il de prime abord l'estime et la confiance des fonctionnaires des trois départemens; et, pendant les neuf années qu'il a exercé ces fonctions d'inspecteur, cette confiance ne lui a jamais fait défaut. Et comment en eût-il été autrement à l'égard d'un homme qui remplissait ses devoirs d'inspecteur avec tant de justice et d'impartialité? Sans s'arrêter aux apparences et aux succès de commande, M. Turgot allait au fond des choses, s'attachait à distinguer et à montrer à l'autorité supérieure le mérite réel; et s'il n'eut pas, dans toutes les circonstances, le pouvoir nécessaire pour lui faire rendre justice, il eut toujours assez d'indépendance de caractère pour faire valoir ses droits.

Ceux qui ont connu particulièrement M. Turgot vous diront toutes ses qualités, sa bonté, sa disposition à l'obligeance, sa charité pour les pauvres, son amour pour sa famille, son affection pour ses amis. Bossuet a dit quelque part qu'il manquerait quelque chose à la vertu si elle n'avait été éprouvée et en quelque sorte purifiée par le malheur; eh bien! ce genre de mérite n'a pas non plus manqué à M. Turgot. A peine eut-il perdu une épouse, l'objet de ses plus tendres affections, qu'il ressentit les premières atteintes de la longue et douloureuse maladie qui l'a conduit au tombeau. Pour une âme moins résignée que la sienne, la perspective de son avenir eût été d'autant plus affligeante, qu'au milieu de ses souffrances ayant conservé toute la puissance de sa raison, il voyait tous les dangers de sa position; mais il puisait les plus douces consolations dans les soins affectueux d'une famille digne de lui, et dans une ferme confiance aux promesses de la religion chrétienne. Et que resterait-il, en effet, à l'homme de bien pour le soutenir à ses derniers momens, s'il n'emportait avec lui l'espérance d'une vie meilleure et qui ne doit point finir?

Adieu, vertueux Turgot! adieu! mais nous n'allons laisser de toi que ton corps à cette tombe! Ton âme est retournée à Dieu, son principe et sa fin; et nous, nous allons emporter le souvenir de ta vie, si bien remplie. Il restera parmi nous et parmi cette jeunesse comme une nouvelle preuve que de notre temps, comme à toutes les époques, chacun peut et doit se faire une place dans le monde par son intelligence et par son travail!

Le convoi a repris ensuite sa marche vers l'église de Marcey. Une dernière voix s'est fait entendre sur la tombe encore ouverte; c'est celle de M. le docteur Voisin, qui a prononcé, avec l'accent d'une vive émotion, les paroles suivantes:

Réunis autour d'une tombe qui va recevoir l'un de nos plus honorables concitoyens, notre respect et notre affection l'accompagnent, ainsi que nos regrets. La population de cette commune ratifiera, dans sa reconnaissance, le trop bref éloge que nous nous permettons d'adresser à la mémoire de son ancien premier magistrat. L'honorable M. Turgot doit tout à la sagesse, à la régularité de sa vie, et à ses études assidues; son élévation dans l'université de France est la conséquence de cette tenue et de ces mœurs douces, qui donnent tous les titres de la paternité à un bon maître. Il est mort après avoir supporté long-temps les cruelles angoisses d'une maladie dont il prévoyait, avec une sage résignation, toutes les suites. La Providence lui a voilé, dans ses derniers momens, l'horreur du sacrifice, en quittant sa fille bien-aimée et son gendre, constamment enveloppés l'un et l'autre de son amour et de sa pieuse tendresse. Regrettons l'homme utile, laborieux, dont la conscience toujours pure est exempte de reproche. Ses collègues, qui l'accompagnent au tombeau, ont su l'apprécier, lui rendent justice, et ne l'oublieront jamais. Ami et presque allié de M. Turgot, je me joins à sa famille et à ses amis, et je me permets même de représenter la ville d'Avranches dans cette triste solennité.

L'oraison funèbre du bon M. Turgot se trouvera dans tous les cœurs; aussi je me dispense de faire l'ombre d'emprunt à l'éloquence : chacun me sent, m'approuve et partage mes sentimens, ma douleur et ma pensée.

Dans ce temple, il a été admis à la société chrétienne, et ce froid champ de repos lui donne son dernier abri, son suprême asile. Ses proches viendront réfléchir, penser et s'entretenir avec son ombre. Son bon cœur ne mourra pas; et, du haut de sa glorieuse demeure, sa douce influence répandra ses bienfaits sur ceux qui le pleurent.

Reposez en paix : vos amis vous regrettent, et cette paroisse doit s'honorer d'avoir produit un citoyen utile, honnête, et qui sera un conseil et une leçon de sagesse à tous ceux qui vivent et qui naîtront.

Une tradition d'honneur vous est acquise; un devancier comme vous a su tracer la voie, et les jeunes habitans de Marcey se trouveront obligés de la suivre.

Adieu ! Nous avons eu mille rapports d'amitié ensemble, je vous regrette, je vous pleure; mais la vie est tellement courte, qu'il faut se consoler en pensant à un lieu de dernière union, que l'espérance et la foi nous assurent pour plus tard.

Derechef, adieu ! que le ciel vous reçoive dans son amour et sa gloire !

Avranches, 24 février 1850.

Imprimerie de E. Tostain.